일흔 즈음에

이태순 시집

계간문예

일흔 즈음에

| 출간의 변 |

〈제2집〉《바람 같은 언어》 이후 무려 9년 만의 출간이다.

비록 생각하는 모두를 다 담아내지 못한 점 미흡하지만 나의 정신세계 일각의 소산들로〈제3집〉을 엮게 되었다.

각자 말이나 글의 표현만 다를 뿐 보고 듣고 느끼는 감정과 감성은 사람 누구나 다 가지고 있다. 똑같은 사물도 상황과 의지와 환경이나 감정의 척도에 따라, 그리고 표현 방식과 표현 능력에 따라 결과물이 서로 천차만별 달라진다.

평범한 일상도 진지하게 응시하며 끊임없는 관찰과 추구하는 습관들이 유의미한 원천이 되어 창작욕구로 표출하게 되며 다양한 기반을 글로써 묘사하는 사람을 문학인이라고 나는 생각한다.

시를 쓰며 시인의 마음으로 언제나 시인답게 살고 싶은 나의 마음이다.

시 쓰기에 전념한 시간은 무미건조한 일상의 유일한 탈출구였으며 큰 가방을 꾸리지 않고도 광활한 미지의 세계를

둥둥 떠다닌 행복한 자유 여행길 그 자체였다. 물론 단어 선택을 두고 나 자신의 한계와 영혼이 서로 부딪치기도 했으나 인간사 본질과 그런 맥락들을 나의 잣대대로 과감히 프레임에 올린다는 것은 어쩌면 용감하기 때문인지 모르겠다. 왜 그런지 시집은 낼수록 더 조심스럽고 더 까다롭고 더 어렵다는 생각이 많이 들었다.
남은 날들도 정신이나 생각이 사막화되지 않게 나는 꾸준히 습작하며 문학을 꿈꿀 것이다.

끝으로 출간의 기쁨을 같이하고 도움주신 많은 분께 감사드리고 계간문에 정종명 이사장님을 비롯하여 특히 예쁜 시집을 위해 불철주야 신경 써주신 차윤옥 편집주간께 감사드립니다.

2021년 8월

이태순

■ 차례

제1부 삶을 스케치하다

제2부　목련

제3부 헬스장 승애 씨

제4부 당산동 연가

제 1 부

삶을 스케치하다

산사 법문

깊은 산속에 낭랑히 울려오는 법문 소리가
같은 곡조로 뼈속 깊이 파고들어
잠자는 자아가 깨어나고
찌든 마음이 맑아지고

가만히 들어보면
세속에 혼재된 물욕 탐욕을 버리라는
내가 가지고 있는 모두가 헛것이니
집착없이 비우라는 결국 그 말씀

은은하다 못해 시려오는 저 독경 소리에
한낱 부질없는 세상사
근심 걱정 번뇌 모두 사라지고
무겁던 마음이 홀씨처럼 가벼워진다

봄이 오는 소리

누가 가르치지 않아도 제 알아서 오는 계절
어찌 험난한 고통이야 모르랴만
살아남았다는 것
그 위대한 생기의 빛깔로
움츠렸던 뿌리들 일제히 수액을 뿜어 올리는
너로 하여 들리는 저 생명의 소리

세상 모두의 기쁨 안고 다시 찾아온 희망
현란한 꽃불로 고동치는 풋사랑
해 묵은 인연
부드러운 솜털 높이 날아 봄을 화답하여
꿈결인 듯
그대 눈동자에 꽃잎 어리고

때 묻지 않은 고운 언어로 봄빛 속살 피워
꽁꽁 언 땅에 내맡겨졌던 혼령은
덩실 너울춤을 추고
살얼음 다독이며 침묵을 휘젓는 강물
생명의 모든 끈
세월 흐르는 소리를 너로 하여듣고 있다

이 나이 되어

자고 깨는 평범한 일상의 반복에서
아직 지키지 못한 것들
어렴풋 눌린 자아를 일깨워
이제 봄날의 맹세 같은
서녘 영롱히 빛나는 샛별이 되려하오

위선이 포장된 껍질을 벗겨내고
형용사나 그 어떤 꾸밈도 아니었던
순수한 향기의
이제 진솔한 삶의 서사로
이제 누군가에게 필요할 치유의 약이 되려오

첩첩 씨앗 품었던 거친 야생화
분방한 자유로 흩날려
눈에서 멀어지고 마음에서 멀어져서
이제 모두에게 잊혀진
언젠가 다시 찾을 그 꽃 진 자리를 지키려하오

신작로

간간이 지나다니는 자동차에
희뿌연 흙먼지 일어나 앞을 가리고
듬성듬성 자갈돌 깔려 있는 신작로
따뜻한 봄 돌아오기만을 기다리며
땅거미 내리도록 친구와 놀던
가난 교차하는 그 길 위에
언제나 하얀 웃음 웃는 명숙이가 있었고
그가 부럽던 나는
해 종일 그림자되어 붙어있었다
으스름 해가 지면
엄마가 부르는 소리에 모두들 집에 가고
홀로 남겨진 나
터덜터덜 흙 범벅되어 들어오는
휑한 빈집은 왜 그리 추웠는지
몇 날이 가고
다시는 같이 놀 수 없는 동심을 메고
뽀얀 흙먼지 돌아보며 나는 그 길을 떠나왔다

내일을 준비하는

네온 불빛 휘청거리는 어둠이 내리면
지친 하루를 마감하는
낮과 다른 분주함
누구는 가고
또 누구는 남아
지성 초연한 넋두리 파편들이
낮처럼 되살아나서 생동하는 밤
빌딩 틈새 실눈썹 초승달도 살가운 서울의 밤
아물지 않은 상처 그대로
새벽 내음 들이키며
골목골목
어스름 불빛에 다시 설레는 내일의 삶
막힌 벽 너머로 터져 나오는 소음들
내가 가진
네가 가진 모든 것 두고
이제는 숨 고를 시간
긴 하루를 접어 골목이 조용해진다

비 내리는 양화대교

비를 갈망하고 있는 내 목마른 것들
겹겹 수면 위에 어리는 황량함
천천히 다가오는 물결은
굽이굽이 돌아
버스와 세월을 훌쩍 지나고
은방울꽃 가로등불 흔들리는 양화대교
유리창에 비추인 내 모습
창밖에서 흐르는 비에 젖고 있었다

수면 위에 펼쳐진 하루의 파노라마
내 젖은 가슴처럼 비에 젖은 양화대교
물새는 모두 날아가도
생명 품은 신음소리
애한으로 물들여진 강
아무렇지도 않은 듯 떠밀려 다니고
빗속에서도 잔물결 여유로운데
나만 조급하게 지평을 부르고 있었다

잃어버린 세상

딸의 딸을 등에 업고 있노라면
애틋하게 스멀거리는 감촉
먼 기억 끝에 서 있는 비밀 같은 거
내 잃어버린 세상
설렘도 긴장도 아닌 고운 숨결이
따뜻한 온기 되어 아리하게 퍼져 와서
메마른 등을 촉촉이 적십니다

나 아가였을 적 아주 아득한 날에
나만이 동면하고 나만이 소유했을 온기
끈적거리는 오래된 정
솔향처럼 시리고 천천히
온 몸을 휘감으며
어두운 적멸의 틈바구니를 타고
슬픔처럼 그리움처럼 퍼져 옵니다

삶을 스케치하다

금쪽같은 날들을 일회용인 양 축내고
밤마다 짓고 부순 집이 몇 채던가요
내 안과 내 밖의 것에서 아무리 퍼덕여도
무한리필 안되던 인생
뜬구름 잡으며 용쓴 세월
돌이켜보노라니 너무 부끄럽습니다

비바람에 꺾이고 폭풍우에 패이고
짓밟히고 뜯기는 이름 모를 잡풀도
환히 꽃피우고 열매 맺는데
나는 어떻게 살았던가요.
인생이 무슨 활짝 열린 무지개 세상인 양
그와의 인연도 채우지 못했습니다

살아남기 위한 몸부림도 아니었고
가슴에 사무친 뼈 울음은 더욱 아니었고
삶의 미학도 결코 아닌
잡풀보다도 더 초췌한 모습으로 있어도
그러나 가장 존귀한 나의 삶을
아름다운 진실의 무늬를 새기고 싶습니다

설날

일 년에 딱 한 번 얻어 입는
몸집보다 큰 옷
애면글면 기다려서
설날 아침에 차려입고
잔돈푼 주머니 홀인원하려
뱅뱅 돌던 이웃집
칼바람에도 세배 길을
신명나게 다녔지

소소히 쇠락하는 추억의 정원
무심해진 흔적 뒤로
그날인 듯 설은 또 오고
내가 일궈놓은
사랑하는 피붙이들
지갑이 텅텅 비어도 즐겁기만 한
오순도순 모인 한자리
행복한 설날 아침

감사의 마음

혼자에게만 스쳐간 세월도 아니고
혼자만 짐 진 것도 아니건만
빈 가슴 채우지 못해 속 끓인 많은 날
가만히 돌아보면
물처럼 흐르지 못하고
부족하다고 허덕이며 감사를 모르고 살았다

바다는 메울 수가 있다 하여도
메워지지 않는 것이 욕심이다
제아무리 많이 가진들
만족함을 모르고 사는 속성
그것이 인간의 본질이라면
아마 이 세상에 순수는 없으리라

눈부시게 푸른 하늘과 뜨거운 태양
모닥불과 아늑한 다락방
바닷가 거닐며 해조음 들을 수 있는 이 모두가
가슴을 벅차게 하는
나 살아 있음의 확인이고
향수이고 분 넘치게 감사한 사실인데도

구름처럼

거칠 것 없는 넓고 푸른 저 하늘을
둥둥둥 떠다니면 좋으련만
숫기 없던 젊은 날의 나처럼
산마루에서만 머물러 있는 조각구름 하나

한 올 외줄 위에서
또는 천 길 벼랑 끝에서
날이면 날마다 일그러져가던 날들을
구름아 너는 정녕 모르지

너도 나도 무심히 스쳐가는 저 바람도
따지고 보면 피장파장 방랑자
사라질 때 사라진다 하더라도
당당하게 하늘 한가운데서 떠다녀라

새벽 사거리

소음을 난타하며 질주할 차량들이
잠깐 멈추고 휴식하는
아스팔트 위의 새벽
파리한 가로등 저쪽에서
능소화 꽃물로 터져오는 먼동

방황이 덧칠된 거리를 사유하는
아직 이슬 덜 깬 미완성
느슨한 자아를 조여
빛으로 맞이할 하루가 대기하는
선물처럼 존귀하고 짧은 시간

타협 없던 나를 닮은 신호등 앞에서
이 나이 되도록
삭히지 못한
오래된 욕망 착각 미련 모두를
능소화 고운 먼동에 물들이고 섰다

우산 속

검어진 하늘에서 물 폭탄 쏟아져
우산 밖 세상은
홍수라도 난 듯
도도하던 단풍들이 폐선처럼 떠다니고
여기저기 빗물 가득
오롯이 많은 것들이 젖는데

치열히 튕겨오는 빗방울
그대 음성을 닮은 빗소리가
웅장한 화음이 되고 무거운 노래가 되고
육신이 젖고 있는 우산 밖에서
언제였던가 들었음직한
사나운 파도소리로 와 닿는다

달랑 우산 하나에 도취된 행복
물방울이나 차가움은 먼 나라 이야기
질곡이 비켜가는
작지만 커다란 지붕
두려움과 고난이 차단된 평온한 피안에서
지금은 그 아무것도 부럽지 않다

고추잠자리

청잣빛 가을하늘이 환하게 올려다 보이는
얇고 투명한 망사날개
단내 나는 그리움을 더 붉게 물들이는
고추잠자리 떼들

저 푸른 하늘을 몽땅 차지하고도
너무 좁은 듯 서로 부딪치고
이리 빙빙 저리 빙빙 가을 공중을 선회하는
붉은 군무 날쌘돌이의 멋진 춤사위

한가로운 가을하늘에
자유를 그리다가 미로를 그렸다가
또 흥건히 공허가 그려지는 빈 하늘
늦기 전에 전해 줄
붉은 가을연서 등 위에 얹어
산들 부는 바람 타고 저 멀리 사라진다

저 태양 있는 한

살 냄새 물씬 풍기는 우리 사는 세상
이대로 영원히 머물렀으면 좋으련만
덧없고 허무한 인생
다시 오지 못할 소중한 시간
속절없이 무상한 영고성쇠는 새로움도 헛것이던가
밤 가고, 해 뜨고, 바람 불고, 꽃이 지고,
삼백예순다섯 바퀴를 돌아 기어이 저무는 해
새로움에서 낡음으로 낡음에서 새로움으로
무한히 재생하는 六道輪回의 고리
위선과 무지와 탄생과 영광
존재 확인이 필요한 만대에 보존될 기록물들
장생불사 꿈일지라도
영구불멸의 끝없는 항해
언제나 그래왔듯이 생성과 소멸을 거듭하며
저 하늘 태양이 돌고 있는 한
빛으로 올 넉넉함
밝아오는 여명이 수평선의 어둠을 누르니
더욱 고고하고 굳건한 우리의 삶이
새 역사 위에서
다시 새로운 각오의 세상을 노크하리라

눈 내린 아침

눈에 보이던 모두가 흰 눈 속에 숨고
살았는지 죽었는지 모를 동면의 시간들
빈곤만을 움켜쥐고 시름의 극한으로 맨살 할퀸
훌렁 벗고 떠는 나무
햇살자락 잡으려는 애처로운 안간힘
차디찬 냉혈을 이불처럼 뒤집어쓴 오늘 아침
겨울날은 그마저도 사랑이어라

온천지가 눈 세상으로 환하고 정갈하다
아쉽게 불태우지 못한 사랑
스멀거리는 옛 추억
행여 속내 녹아들까 두껍게 감싸 주며
밤 사이 싸락싸락 내린 눈
사랑과 표정과 거리가 어제와 다른 세상
경건하도록 순결한 흰눈에 묻힌 아침풍경

생명의 축제

싱그러운 꽃불로 고동치는 봄
다시 돌아올 것 같지 않던
그러나 봄처럼 살고 싶어 기다려온 긴 시간
앞서간 생명의 자취
몰락하여 쉬던 그 숨결 지우고
내 초라한 뜰에서
누추함을 털어 부스스 잠 깨어나는 생명들
단지 살아남았다는
분 넘치는 이유만으로 행복해 합니다

암울과 고난을 넘어 힘차게 부활 한
새로운 시작의 맹세
새싹보다 몸 낮추어 들어보는 봄의 저 소리
환희에 찬 숨결로 저마다 제 몫만큼 꿈틀대며
잉태의 기쁨을 아는 강물
움츠렸던 물줄기 기꺼이 물새들을 불러들이고
침묵의 몸부림에서
나뭇가지 푸르게 움 틔어
찬란한 봄날 축제를 시작합니다

독백

이리저리 뒤척이며 잠 못 드는 어듬 속
터널 깊이 웅크린
남의 하루가 내겐 일 년인 듯 울어 지낸
인생 질곡들을 하나하나 헤쳐 봅니다

무지개를 만났었고
발톱 사나운 맹금류를 만났었고
다시금 돌아보는 지난날은
아름답기도 했다가
등줄을 따라 식은땀이 흘러내리기도 합니다.

의지였든 의지가 아니었든
순수로만 살 수 없었던 물처럼 흐르지 않는 세상
분명 내 안과 달랐던
많은 시행착오와 실패와 좌절과 갈등들
돌아보니 부족함과 아쉬움과 미련뿐이어도
그러나 최선을 다했던 삶
결코 자책하거나 실망하지 않습니다

버들강아지

울창한 숲속도 정갈한 공원도 아닌
칼바람만 오고 가는 황량한 강둑 어귀에
새까맣게 다닥다닥 음표처럼 붙어
죽은 듯 살아 지내는 버들강아지
긴 공허로 겨울을 맞고 있다

몸서리치는 찬기가 뼈를 깎는 강변
아무 일 없었던 듯 따뜻한 봄 돌아오면
환호하는 포근한 햇볕에
노란 솜털 반짝이며
앓고 지낸 지병의 검은 때를 훌훌 벗겠지

고뇌하지 않고 얻은 깨달음이 있으랴
천한 듯 귀한 듯
설움 일찍 경험한 그 겸손
네가 터득한 생의 철학 진리로 알고
수행하는 기분으로 오늘도 강둑을 걷는다

사는 법칙

세상에는 절대로 공짜가 없고 비밀이 없고
정답 또한 없다
식탁에 올라오는 계란을 접하면서도
산란을 겪는 고통
꽃잎이 떨어지는 소리
암탉의 수고로움을 생각지 않는다

생태계의 지당한 먹이사슬로 스러지는
크고 작은 생명들
그물에 걸려들어 최후를 맞는 물고기
그 심장 깊은 곳으로부터 격하게 뿜어 나오는
진저리의 퍼덕임
그 끔찍한 절규를 알려하지 않는다

일촉즉발의 사생결단
불행은 너의 몫 행복은 나의 몫
네가 죽어야 내가 사는 약육강식에서
나도 그 누군가를 딛고 일어서야 했듯이
초원의 평온을 깨는 맹수
힘에 의존하는 그런 삶이 서글프다

잔인한 4월

누가 4月을 잔인하다 했는가요
그 말은 옳았습니다
잔인한 4월!!
눈에 넣어도 안 아플 사랑하는 우리 아이들
밤잠을 설치며 들뜬 마음으로 기다려 온
즐거운 수학여행길
잠시 책상을 밀쳐두고 나온 설레던 길이
영영 돌아오지 못할 마지막 이별이라니요
아직 피지 못한 꿈을 송두리째 삼켜버린 악마의 세월호
하늘도 울고, 땅도 울고, 온 국민 모두 울었습니다
최후와 직면된 청천벽력의 소식
핸드폰에 투사했을 안부가 아닌 급박함
애간장 끊어지는 부모 마음 어떡하라고
차가운 천 길 물속에서 눈 감고 말다니
바다를 향해 자식 이름 하나하나
목 터지게 부르고 또 불러도 아무 대답 없고
통곡소리마저 삼켜버리는 비련의 망망대해
물결은 무심하게 천만 번을 가고 오고
아무 일도 없었던 듯 다시 노을만 곱습니다
어린 영령들이여
부디 삼가 편히 잠드소서

산길

세상과 단절되어 한줌 빛도 새어들지 않는
고요 가득한 숲 그늘
드문드문 하늘 내미는 인적 끊긴 산길
한 걸음 또 한 걸음 발자국을 옮길 때마다
작은 풀잎들이 선잠에서 깨어
지축이라도 흔들린 양 아우성이다

제멋대로 뻗힌 험상궂은 가시덤불 밑에서도
이름 모를 꽃 청초하게 피고
지친 눈동자를 치유하는 초록 상쾌함과
싱싱하게 젖는 전신
자유로 호흡하는 맑은 공기
때 묻지 않은 이슬에 씻긴 고요를 밟는다

산새들 맑은 지저귐이 유혹을 하지만
살얼음만큼 으스스한 적막강산
짙은 서정의 여유에
청아한 푸른 틈새에서 반짝거리는 내면
복잡한 심상 명경처럼 맑은데
걷다 돌아보니 지난 자리 여전히 침묵만

성찰의 시간

저 너머 거칠게 젖어 누운 내일을 두고
하염없이 비 쏟아지는 밤
정류장에서의 그 오랜 기다림에도
멈춤 없이 그냥 가버린 막차
어둠이 불안과 함께 야수처럼 엄습해 오고
서서히 멎어버리는 심장
얼마나 날 밝기만을 기다렸던가

비록 사랑 꽃피우지 못하였다 하여도
한 번도 내 힘으로 밀어내지 않았던 인연들
망설임 없이 질주한 막차처럼
넋 빠지게 횅하니 질주해버린 세월
가슴 먹먹한 것 잠시
어쩌면 알 것도 같은 그 막차 심사에
떠난 인연을 재가 되도록 태운다

스쳐 지난 그 막차도 시련이라면 시련
곧 어둠 곰삭아
한낱 구름처럼 흩어질 암울함
길고 긴 터널을 빠져나올 내 그림자 진 것들

미웠다가 고왔다가
뒤돌아볼수록 더욱 선명하게 남아
그 위독했던 몸부림만 아찔하다

초가집

푸른 잎 헝클어진 줄기를 감싸 안고
풍성히 피어오른 초가지붕
넝쿨 따라 저마다 동글동글 내밀어
여인의 속살 같은 달빛 부신 박덩이들
한 폭의 수채화로
눈부시게 희다 못해 그저 푸르다

시작도 끝도 모두 흐려진 기억 저편
해종일 수고의 땀을 씻고
개선장군처럼 집에 온 농부의 고단함을 녹일
등불이 꺼지는 어스름 시간
사려둔 임 품을 어두운 밤
지붕 위의 박덩이도 야물게 영글고 있다

봉황은 없다

살면 살수록 더 깊고 어두운 곳으로
무겁게 회오리치는 불안한 미래
간절히 꿈꾸던 소망 아무 부질없어
지끈거리는 머리에
팔을 이마에 얹고 누웠다
일어서지 못할 만큼
한없는 수렁의 나락으로 빠져들게 하는
불완전연소로 까맣게 그을리는 가슴
부식되고 버석거리는 뼈마디
꿈은 꿈이었고
노래는 노래였고
그러나 네 그리움에 참고 견디는 시간
그래도 밝아오는 아침
내가 나에게 묻는 인생 평가서에
하얗게 지워버리는 못난 꿈
기필코 봉황은 없었다

어머니와 바다

하늘과 맞닿아 거울처럼 맑은 바다
푸른 맥박들이 자유로 살아 뛰는 저 수평선
비릿하기보다 차라리 달콤하게 다가오고
금빛 햇살로 채색되어 너울거리는
파도와 새파란 수평선
생각만 해도 아름답고 즐겁고 신나는
낭만의 바다다.
그러나 바다는 바다일 뿐
고요하기만 하면 누가 바다를 두려워할까요
울다가 또 웃다가
뒤집어지고 엎어지는 변화무쌍한 첩첩 인생처럼
모두를 집어삼킬 듯 격랑을 하고
시시각각 반란하며 성벽처럼 치솟는 파도
그러다가 어느새 인자해져서
모래톱에 잔잔히 꿈 실어 나르는 물결
둥둥 떠다니고 싶도록 아늑하고 고요해진 바다
어머니 품성처럼 깊고 너그럽다

포장

이제야 두 눈 가득 비치는 아름다움
심장과 가슴 뛰는 봄바람
풋풋이 그리운 진하디 진한 청춘의 향기
얻은 것보다 잃은 것이 더 많았을
삶보다 존재에 대한 소리 없는 울음
나도 나를 다스리지 못한 고집들은
어리석음이었는지
고뇌였는지 패기였는지 또는 오만이었는지 모르겠으나
존귀하게 반짝이던 젊음에도
어느 하루 만만하지 않던 낮과 밤
그러나 어제가 있어 오늘이 있는
그 오늘을 접어두고
영원한 소녀이고 싶은 마음
하얀 머리카락에 짙은 물을 들여
잠깐이나마 청춘을 포획할 내밀한 속내
나는 지금 변신중인 손길로 바쁘다

새봄

아직 잔설이 불씨처럼 남아 있는데
절망과 누추함의 넋두리를 멈춘 빈 들판
체온 같은 햇살을 불러서
죽었던 매화가지
일제히 약속이나 한 듯 앞 다투어 점등을 하고
꽃눈을 틔우는 봄
빈 대지의 캔버스에 그려 넣을 봄은 다시 돌아와
몰락했던 흔적마다 새 생명을 채우는
위대한 축복의 푸름
반짝거리는 다이야몬드빛 햇살로
경계 없이 소생하는 찬란한 이 봄에
손 내밀어 쓰다듬어 주고 싶은 어린 새싹들
푸근하게 가슴을 열어
미움과 원망의 뿌리가 뽑힌 자리
사랑과 용서의 씨앗을 흠뻑 뿌리리

나는 그렇다

한나절 피는 나팔꽃 한 송이에도
영혼을 바칠 사람
가슴 가슴으로 정 나누고
나대신 아파주고
바람 불어도 끄떡없는 뿌리가 되고
파도에 모를 죽인 몽돌처럼
비를 거둬주는 우산처럼
사실은 나는 너에게
그런 사람으로 남아있고 싶었다

추억

내 생의 언저리에서
한풀이하듯
해마다 흐드러지게
피고 지는 꽃

내 삶은 가난하여도
밤이면 밤마다
살갑게
뜨고 지는 별

네 가면 죽을 것 같던
삭정이 울음 그 후
한 줄 빗살로 와 준
추억이란 단어

지금

엎어지고 넘어진 것도
추억이랍시고 남겨져서
퍼덕거리고 너덜너덜해진 잔재
미련에 울게 하는
질펀하고 둔탁한
모자란 것들의 실체
그리고 인생 여정 그 명암의 실상들
과거란 이름으로
오랫동안 쌓여져 온
젖은 것 그리고 마른 것들
도려내고 오려내고
지울 것은 삭제바구니에
태워야 할 것들은 망각바구니에
모두 쓸어 담는
지금은 분리수거 중이다

비 오는 날

눅눅하게 가리어져 있는
저쪽
자생한 오물
몸속에 오래전부터 눌어붙은
육신의 적신호 찌꺼기
만신창이의 영혼과
독한 열병은
그 무엇으로도 치유되지 않았다
눈앞을 가리며 흘러내리는 억수 장대비
더욱 비를 부르는 먹구름
오랫동안
갈구해 오던 목마름을
흥건히 적셔주는 비
저쪽에
타인이듯
빗물로 부끄러움을 닦는 내가 서 있다

푸른 아침

아무 보살핌 없이도 무성하게 자라나
어우렁더우렁 다투지 않고
형형색색 정다운
풀꽃 이야기
노란 햇살 퍼지면
누구도 흉내 내지 못할
눈동자 가득히 풋풋함 심어주는
풍요로운 풀밭
비 오고, 바람 불고, 눈 오고, 천둥 쳐서
차이고, 밟히고, 꺾이고, 패일수록
더욱더 비옥해지는
깊은 저 속뜻
맑은 이슬을 신앙으로
연약하면서 절대 연약하지 않는 잡풀들
모질고 강인한 생명력
당당한 싱그러움
심오한 풀잎 철학에 빠져드는 이 아침

방랑의 이유

시간 멈춘 휴게소를 거쳐 가고 싶다
복잡한 도시
분주하게 건널목을 교차하는
수많은 사람들
그 틈새를 빠져나와
어디론가 훌쩍 떠나고 싶다.

낯선 얼굴에도 활짝 웃어주는
길섶 민들레나
흐드러지게 핀 하얀 매화를 보아도
무뎌버린 감각
또 감각만으로 될 수 없는
이도 저도 아닌 미완의 늪을 벗어나

해변 아름다운 남쪽 내 고향
물거품 일고
눅눅한 인정이
오래된 기억에도 야광처럼 빛나는
날 기다려 줄 옛 집터
그곳으로 훌쩍 떠나가고 싶다

분수대 소나타

힘줄처럼 뻗어 오르는 세찬 물줄기
불타는 오후를 어루만지며
빛바랜 기억들을 적시며
우렁차고도 성스럽게 공중 높은 곳까지
집착으로 솟구쳐 오른다.

얼키설키 하얀 독백을 뱉어내는 분수대
힘줄같이, 환호같이, 절규같이, 마치 신기루같이
높은 하늘을 가로질러
몽실몽실 안개꽃으로 깨어나는 허공
투영되어오는 젊음의 뒤안길
얼룩진 영혼을 깨끗하게 씻어 준다

미처 다 기억해내지 못하였던
분노를, 울분을, 눈물을 쏟는 여름날의 판타지
직선으로 뿜어 오르는 저 물줄기
젊은 한때 직진만 고수했던
그 아집이 풍랑처럼 솟구친다

잠 못 이룬 이유

천금같이 소중한 휴식을 취하는 시간
별은 숨어 적막하고
새벽은 아직 멀어 어둠 짙은 밤에
저릿하여 차라리 껴안고 싶은
허기가 고뇌를 불러들이고
잔잔하던 뇌파에서 전류를 타고 등줄을 따라
심금으로 닿는 밤
주웠다가, 잃었다가, 버렸다가, 또 다시 찾은
어둠이 펼쳐주는 구차한 인생살이
이리저리 뒤척여 봐도 전신을 압박하는
쉰내의 그 부스러기들
간밤에는 지독한 신열로 지새웠습니다

은행 보호수

무성하게 우거졌던 푸른 은행잎
그 그늘 아래 피던 시원한 이야기 끊긴
언덕 위 은행 고목
덩그러니 겨울과 맞서 얼어붙은 석고처럼 서 있다

삶의 의미를 견고히 확인해 줄 봄은 아직 멀어
지금은 침묵으로 견뎌야 할 때
눕지 못하는 나무
겨울날 뼈 시림도 세상사 성숙이라 여기며
장승처럼 서서 외로움쯤이야 참는다

달빛이 얼음처럼 차갑게 늙은 나무 전신을 휘감고
요양병원 문병하듯 가지에서 사라진 별
육백여 년을 하루같이 긴 외로움
그걸 벗어나려하지 않는 은행나무 보호수
잎사귀를 무성하게 신화처럼 피워 올려서
나그네 다시 찾을 그날 꿈꾸고 있다

겨울 아침

일상의 근심이 서성거리는 그 곁
아무리 밀쳐도 꽁꽁 얼어 밀리지 않는 창문
심장이라도 찌를 듯한
유리창 겉면 비수 같은 서리 입자를
입김 불어 파르르 지워
겨울일출이 초대한 경이로운 사색이
요동치는 아침을 맞는다

하얀 초상으로 서 있는 나의 유년
컨텍트 렌즈 속으로
인색한 햇살 찾아들어
순례자의 영혼에 온기 없이 기웃대고
알 듯한 발자국 소리 있어 눈을 돌리면
왕창 쏟아지는 금박 그리움
불행 속에서 배워온 여유로움과 한가로움이
언 유리창에서 반짝이는 겨울날 아침

그날 밤에

뭔가 모를 답답함과 단조로움 밀리고
온 밤 내내 지끈거리는 생골 머리
전신이 압박되고 오던 잠은 달아났다
날 밝으면 만사 오답으로 판명될 공상에
무용지물인 줄 뻔히 알면서
머릿속은 내일의 일상을 예약하기에 바쁘다
아쉬움과 후회와 미련과 그리고 회한
세상 끝자락 나의 참모습이
둥둥 공중부양하며 천장을 떠다니고
이런저런 잡념들로 날밤이 샜다
여명 도배되는 창문에
잠 못 들며 짓고 허물었다 애써 다시 지은 집
열두 칸은 사상누각 물거품 되고
빼근한 목덜미의 베개 앞
아침 해도 구름 속에서 얼굴을 안 내민다

희망

때로는 아릿한 질곡이
나를 여물게 하고
더러는
푸른 하늘
그마저 시려 옵니다

곰삭아버린
걸어온 길을 돌아보는 여유로운 시간
별무리가 아름다운
그리움 멀리 환한 미소가
가슴을 설레게 합니다

미움이었든, 증오였든, 원망이었든
눈처럼 녹아내려져야 할
어제 그리고 오늘
세상사 그저 그렇게 묻어두고
내일을 포옹합니다

희망의 노래

산 아래 구름은 저 멀리 비켜가고
새들은 파란 창공을 높이 날아
감미로운 바람결이 두 볼을 스치고 나면
설령 첩첩 굽은 아픔 있었다 해도
새로이 꾸는 간절한 꿈 위로
찬란한 금빛햇살 반짝 거리네

나날이 열망 가득한 발돋움하며
싱그럽게 일어서는 풀숲
얼었던 빈 가지마다 화사한 목련 벙글고
가슴 가슴끼리 부대끼는
그 아름다운 공존의 지상에
우뚝 서서 벅찬 삶을 노래하리라

레몬 향

상큼하게 콧속을 스며드는
레몬 향처럼
무성히 우거져서
미사여구의 언어가 필요 없는
푸름 가득히 일렁이던
잎사귀
한여름의 열정이 식고 난 뒤
바람 따라 낙엽 되어 흩날리니
별빛으로 곱던 노래
어느새 멈춰지고
언제인가 푸른 이끼로 덮어놓은
숨긴 듯 웅크린
레몬 향
오늘은 그 향내도 아프다

인생 노래

살아 있음이 행복이라 여겨질 때
그리고 아픔이라 느껴질 때
내가 나를 위안하고
혹은 내가 나에게 위로받는
본능처럼
주술처럼 읊조릴
매 순간 살아있음이 이토록 고마운
노래 하나 짓고 싶다

세상 모든 성공 기쁨 행복 쾌락이
별의 전설이라면
일생을 진지함으로 투혼한
고통과 시련과 좌절과 분노와 역경은
나의 전설이다

춤추듯이 증발하는 아지랑이가
봄날의 확인이고
근심 걱정 속 끓임 모두가
나 살아 있음의 이유
뺄 것도 더 할 것도 없는
불행속에서 배운 것들
환희와 긍정의 문양으로 그린
그런 노래라면 더 좋겠다

하루의 시작

질펀한 어둠을 유혹하던 별빛
모두 사라지고
검은 포박을 풀어헤쳐
詩로 쏟아 내릴
바리케이드 장막이 열리는
휴식 사이
힘든 무게 잠시 내려놨던
그 깊은 잠을 추슬러서 깨고 일어나면
고뇌는 길어도 하루는 짧아
어제가 삼키다 만 억측을 묻어놓고
걱정조차 꽃이 피고 詩가 되는
어머니의 기도
언젠가 그리워할
어제 같은 새날이 시작된다

무욕

욕망의 비늘이 살아서 펄떡이는
댓속처럼 텅 비어도
대나무처럼 강직하지 못하고

이리저리 흔들려도
제자리 잃지 않고 꼿꼿이 다시 서는
억새만도 못하여서

흔들려지면 흔들린 대로 부러지고
아등바등 대다 사람 노릇 제대로 못한
주저리 주저리의 인생사

불처럼 타던 광란의 밤도
산다기보다 차라리 죽어가던
하루 하루

옥죄어 잠겨버린 사슬을 풀고
남아 있는 소중한 날
텅 비어도 꽉 찬 하늘을 쳐다보리

시월

술잔 속에 독한 향 가득히
그대를 채워두고도
외로워함은
별밭에서 거닐던
사랑을 잊지 못해서가 아닙니다

한 잎 남은 낙엽
흐릿하게나마 그림자 스밀
작은 창 열어놓고
취하도록 마셔도 해답은 아닙니다

가슴에 묻힌 사연
쉽게 삭혀지지 않아
곰 인형처럼 감정 없이 앉아있는
오늘처럼 외로운 날
고립의 적막 속
시월이 가고 있기 때문입니다

혼자라는 것

초승달이 은밀함을 엿보는
깜깜한 밤
위독한 중병의 신음에서 들리는
바람소리만 있을 뿐
별들의 속삭임
예쁜 꽃들의 노래
어제도 오늘도 사라지고
온종일 방문 열릴 기척이 없다

메마른 힘줄 위에 남은 초조
분명 혼자라는 것
싫단 좋단 내게 선택의 여지가 없는
야멸찬 단호함
그리고 또 냉정함
그것들과 한 몸 되어
무겁게 덮쳐오는 외로움
네가 떠난 그날도 지금보다 나았다

여의공원

한숨 소리를 닮은 찬바람이 불면
나뭇잎은 곱게 단풍들고
어스름 어둠에서
낙엽은 한잎 두잎 이마위로 떨어져 구르는 공원
차라리 죽어 눈 감아버리고 싶을 겨울
성큼 겨울 오는 길목
발가벗겨서 긴 날을 버텨야 하는 나무들
그 씁쓸한 여정을 해마다 지켜보며
공원 산책을 한다
빌딩들이 하나 둘 조명이 밝혀지는 저녁
공원에 내려앉는 앙금처럼 찬 기운
아직 겨울은 멀었는데
너무 많이 체험해온 시린 상처
그래서 더 무서운 겨울
잎 떨어트리는 가지가 미리 떨고 섰다

엄마라는 이름

핸드폰 액정에 딸 전화번호가 뜨면
반가움 먼저 앞서 오는 조바심
내 엄마가 그랬듯 어디 아프지나 않는지
내가 낳아 내가 품은 어미닭의 심정
엄마의 엄마도 그러했을
엄마라는 이름
네가 그립고
유유자적 너랑 놀고 싶은 날에
보고 싶어도
자주 보지 못하는 안타까움

우렁차게 울려오는 벨 소리
어리광이 귀에 익고 투정이 귀에 익은
사랑으로 닿고 그리움으로 와닿는 목소리
나보다 세상을 덜 살아도
나보다 세상을 더 잘 알아도
노심초사 어미 마음
딸아 살갑지 않아도 괜찮다
싹싹하지 않아도 괜찮다
낯선 곳에서 부디 눈물 흘리지 말거라

샛강의 버드나무

극지방에서만 불어 올 칼바람의 추위
개성인지 반항인지 풀어헤친 머리카락을 하고
겨울 설움을 읊조리는 버드나무 잔가지가
휘휘 늘어진 샛강
흐름을 멈추어 꽁꽁 얼어붙은 강바닥은
엘사 요정을 기다리며
서정의 판타지로 반질거린다

시리도록 차가운 얼음판
땅에 닿을 듯이
천 갈래 만 갈래 늘어진 버드나무실가지들
나는 그보다 더 어지러운 상념을 앞세우고
칼바람 얼쩡대는 새벽에
버드나무 잔가지 같은 풀어헤친 머리로
고뇌 빠진 수행자처럼 샛강을 걸었다오

잃어버린 것들

보고 듣고 말하는 소소한 일상에서
생의 의욕 지칠 없이 샘솟아도
일찍 축복인 줄 몰랐다
늘 후회와 상실로 뒤따라 붙던
허욕과 허상과 허영의 그 몹쓸 병 때문에
꼬이고 뒤틀리고 비켜간 것들
부질없는 여름날 타오르다 사라진 아지랑이
그 이상도 이하도 아니었다
희끗한 회백색에 그 열정 다 식고
호흡 느려진 이제
새삼 지나간 일그러졌던 일상들
소중한 인생의 꽃송이들을 되줍는다

국화

허전한 가슴을 파고드는 가을
등촉처럼 노란 꽃
도도하거나 정열적이지도 않는
수수한 향기가
가슴을 아릿하게 합니다

여름날 멍석에 누워서 쳐다보던
마지막의 기억 저쯤
무수한 시간을 파고든
별의 이야기
그별처럼 그렇게 샛노랗습니다

아픔도 눈물도 아닌 국화 꽃송이
계절의 끄트머리
지친 여름을 위로받고픈
저 무서리 사연
겨울 문턱을 따뜻이 데워옵니다

옛 생각

꿈속에서도 생각이 나는 옛집
흙 마당에 주저앉아 놀던
나의 한 시절
괜히 그리운 것이 아니다

사시사철 그 자리
마당 저 한구석 나 혼자만 아는 곳
비밀처럼 감춰둔 공깃돌 알알
어디로 흩어져 버렸을까

인생의 질곡을 지나
조각구름 사라지고
많은 세월 물처럼 흘러가고
새록새록 피어 올라오는
곰삭은 그리움

가난의 시절 움켜쥐면 편안했던
보물 같은 공깃돌 촉감
단아한 그 기억 지금도 행복하다

묵은 정

사랑이 떠나면 미움이 되던가요
가만히 두 눈을 감고
생각에 잠기면
내 안에서 숨죽이고 있는
오랫동안 속 끓인 미움을 만납니다

아득하고 희미한 옛 추억은
모닥불이었고
아름다움이었고
때로는 휘젓는 갈대였고
당겨지지 않는 줄다리기였고
어쩌면 방황이었습니다

이제 평정을 하고
아름다운 꿈으로 떠올려서
미움도 감미로운 연가로 만들어
고운 기억으로 다시 만납니다

이 마음 다시 여기에

옥빛 이슬에 가슴 적신 고운 사랑
파도가 냉정히 휩쓸고 가면
그 아린 속을 비워내느라
툭툭 떨어져 내릴 나의 살점
비릿하게 절여질 인연일랑
더 이상 접어버리고
휘청거리지 않으리
새로운 만남도 다시 겪을 이별이라면
피었다가 지는 저 꽃잎처럼
낮밤을 지새워도 못내 아쉬움뿐
헤아릴 수 없었던 방황들
아무 일 없었던 듯 잊혀진
그냥 여기 지금 이대로

아름다운 정리

쌓아두고 버리지 못하고 있는 것들이
주위에 너무도 많다
주변을 둘러싼 현상뿐 아니라
오늘은 묵은 생각들을 정리하려 한다
어느 것 하나 호락호락하거나
마음대로 되는 거 없고
욕망은 없는 것보다 더 못하였고
희망도 보람도 아니었으며
오로지 불행의 씨앗 더도 덜도 아니었던 것
그럼에도 무슨 애장품처럼
가슴에서 한시도 내려놓지 못하였던 것들
지금은 비록 늦었지만 그 우매함에서 깨어나
황혼을 아름답게 물들이는
옛 그리움만을 재활용하려 한다

노년의 꿈

눈부신 태양을 가둬버린 검은 장막
무심코 올려다보는 하늘은
무거운 침묵으로 낮게 내려앉아
더욱 답답해지는 가슴
골 깊은 주름살이
오늘따라 계곡처럼 아득합니다.

다시 돌아갈 수 없는 길 위에서 누워
공허한 잔상에서 눈을 감으면
시린 기억이 잠식하여
강이 되는 내 눈물
허름하고 낡은 피부 위에서 넘쳐흐릅니다

햇살이 심연을 비추는
내가 나를 부정하고 싶은 언저리
환영처럼 저 멀리 사라지는 먹구름
황혼으로의 초대
내려앉은 서녘 노을이 곱습니다

낮달

민들레꽃 색깔 노란빛 잃은 낮달이
지난밤 같이 지새운
은하를 잊고 있음직도 하건만
별들 사라진 텅 빈 하늘을
무슨 미련이 남아 서산을 못 넘는지
태양이 못체만체 비켜가고
구름도 쫓기듯 달아나고
이슬방울처럼 하얗게 야윈
여신 다이아나
환각에 취한 듯이 혼자 중천을 헤맨다

한강 사색

거듭나지 못하는 우리네 인생처럼
한번 흘러가면 다시는 돌아오지 못할 저 강물
떠나고 사라지는 것들의 사이에서
한 마리 새가 되어 날고 싶을 때
별은 물에 물은 별에 안겨
칠흙 속 사려 안긴 고운 빛깔로
경계 없이 어울려 반사되는 아름다움이
밤바람에 시가 되고
고운 노래되어 일렁이는데
물 깊이처럼 알 수 없는 생의 의미
굽이치는 세월 돌아보지 않는 저 강물
불꽃처럼 살지 못한 인생
거울로도 보이지 않는 표표한 자아가
잘근잘근 부서진 알 수 없는 형체를 안고
강물에 실려서 흘러가고 있었습니다

샛강 평화

햇살도 덜 깨어난 이른 아침
물 위에 얼비치는 하얀 뭉게구름 아래
나들이 나오신 오리 가족
풍선처럼 부푼 사랑
엄마 따라 행렬 맞춰 첨벙대며
수면에다 재롱잔치 아기 그림을 그린다

구름이 떠돌고 오리 떠도는 샛강
서툰 날갯짓이 거침없는 아기오리들
행복이 풍덩 구름이 풍덩
바람도 친구 되고 햇살도 친구 되고
풍요로운 물결위에 걱정도 없이
둥둥 떠다니는 오리 일가족 오붓하다

여름

나는 불타는 여름이 좋다
톡톡 튀어 오르는
살 틈새의 폭죽
불꽃의 몸부림 같은
땀방울이 솟아나는
그 뜨거움을 좋아한다

생명 다투는 소리 멎고
남겨질 못다 한 꿈
추위에 얼어붙는 나를 향한 시선
진저리나게
어둡고 긴 겨울의 암울함이 무섭다

뜨거운 열정을 멈추어
맨몸으로 떠는 사시나무 애틋함같이
얼어버린 내 육체
내 불변의 취향
강렬한 더위를 먹을 참이다

연민

너 먼저 휑하게 떠나간 계절
네가 기억했어야 할
내 잃어버린 대화
나 아무리 외로워하기로서니
나보다 더 아플 낙엽
네 아픔 내 아픔
내 어찌 이 가을을 밟고 서리오

지금 와서 보니

지나고 보니 그때가 정말 좋았습니다
비로소 사위어지는
용광로처럼 활활 타던 가슴
기억을 더듬어서
아스라한 떨림 끝에
단단히 덮어 둔 그 사랑이 좋았습니다

알 수 없는 아픔이었던
박제처럼 공허해진 사랑의 성장통
내가 내게 속죄할 오늘처럼 아픈 밤
사랑은 갔어도
지나고 보니 그래도 그대가 옳았습니다

흘러버린 강물처럼
이제 다시 영원히 돌아오지 않을 것들
심중 깊은 곳에서 침묵하는
소중한 사랑
달빛처럼 흐르던 그 정이 그립습니다

참새와 농부

땀과 인내와 수고가 어우러져
행복 넘쳐나는 높다란 하늘 점점 구름 밑
풍요로운 들판은
잘 여문 알곡을 뒤지고 해작질하는
참새들의 분주한 놀이터
한평생 땅만 파는 농부의 선한 눈가
잡초 무더기 닮은
소소히 피어나는 순박함이여
다부지게 밤낮 일에 파묻혀 이룬
한 해를 애써 온 결실
수정체에 담아드는 저 진솔들
천성적인 마른기침으로 노크하면 황금물결
여물 쪼던 참새 떼 저 멀리 휘리릭 날아가는
넉넉한 축복의 가을걷이

억새 연가

거친 야생의 들판에서
하나인 듯 여럿인 듯 무더기로
세월을 등진 억새
예리하게 비수로 섰던 추상의 위세 어딜 가고
한 해를 살고도 천년을 살은 양
하얗게 빛바래어
망망한 겨울을 응시하고 섰는가

시리디 시리게 달빛 내린 가을정원
중병 앓는 신음
익숙한 저 한숨소리
잠시 한 시절 푸름 넘치다 야윈 낯빛
헹구어야 할 미련 아직 남았는데
억새나 나나
사랑 가고 핏기도 사라지고
절절히도 쓸쓸한 외로움만

망부석 억새

더도 덜도 마르고 부러질 것도 없이
겨울 찬바람에 목 놓아 우는 억새
서슬 퍼런 날 세워
근접 못할 무장을 하고
휘어져도 꺾이지 않았음이 엊그제인데
기고만장하던 그 풍모
꿈결에 사라지고
세월 이겨내지 못함은 너나 나나 마찬가지네
누렇게 빛바래어 서걱거리며
물끄러미 들판에서 망부석처럼 서있는 억새
한 시절 사라진
어쩌면 나랑 같은 신세
오만풍상의 저 모습
아마도 너도 날 본듯 하겠구나

아, 가을은

억새 무리가 도열한 들녘 오솔길을
여행자처럼 홀로 걷노라면
성급히 가을 지나간 자리
초겨울의 그림
하얀 그리움처럼 깔려있고

누런 향내 진즉에 흩어져서
흉금 날려 보내는 무리 진 억새들
계절 넘나드는 문턱
꽉 다물고 굳어있는 맨살 대지 위에서
미처 모른 생의 이유를 엿본다

올려다볼수록 물색 옅은 저 하늘
풍요를 밀어낸
빈곤한 허기에 유난히 핼쑥한 초승달이
좁다랗게 난 들길 따라
나와 동행하잔다

가을 소리

꽉 들어차도 황량하고
잔뜩 채워져도 빈 가슴 같은
아프도록 허전한
시월을 삼키는 한숨 소리

소슬히 부는 찬바람
여름 떠나가 쓸쓸한 거리에
나뭇잎 또르르
세월 굴러가는 소리

얼어붙은 저 하늘 끝에서
외로움 덮고 누운 머리맡까지
그대 듣지 못할
뜨거운 피 식어가는 소리

가을 찬미

시간이 졸고 있는 언덕
바람 불어 서걱거리는 갈대
풍성히 한 아름 소유하고
요리조리 통통 분주히 건너뛰며
알찬 가을을 음미하고 있는
파란 하늘 아래 참새떼 들

한가로이 옹기종기 무장해제 중 같아도
살벌한 철통같은 경비
가만가만 잔걸음에도 화들짝
모조리 쏜살같이 날아올랐다가
도로 내려앉아 톡톡 튀는
긴장 속에서 평화를 즐기는
실바람이 가을을 익힌다

가을비

추억에 젖어서 아쉬움에 젖어서
비와 친하고 싶은 날
굵은 빗방울 제아무리 억수같이 쏟아져 와도
오늘만은 우산 바깥으로
이 비를 밀어내고 싶지 않다
야릇한 나락 허전한 심상 한 켠
질편한 물비늘 위로
떠다니는 온기 없는 저 밀랍
사루지 못해 올올이 일그러져 있는 나의 수채화
한때 사랑이라 여기던
온갖 군상이 비에 흠뻑 젖고 있다

비와 낙엽과 사랑

새싹일 때는 무한한 축복이었고
낙엽 되니 허무한 마음이고
잊었거나, 지웠거나, 버려졌거나
해마다 낯선 새싹
해마다 낯선 낙엽
어딘가에서 젖고 있을 흘러간 사랑
얼비치는 한 소절의 우울한 운율
사랑을 아는 그 남자 숨결 같은 빗소리가
아무리 먹어도 낯선 나이
아무리 와도 낯선 비
왕창 쏟아져도 뛰어가고 싶지 않는
비야, 이 순간 네가 내 사랑이다

감나무는 축제 중

말간 유리창 너머 육중해진 감나무
햇빛 지난 자리 가지마다 불꽃처럼 달아올라
주홍망토 입은 왕자님
뉘에게 자랑할까
춥지도 덥지도 않는 하늘 맑은 계절
반란처럼 화려한 변신을 했다

코끝을 출렁거리며 자극해 오는 달콤한 이야기
심상을 진한 휴식으로 채우는
가을 긴 그림자
도란도란 그 수고로움에 답장하는
별처럼 많던 이파리도
모두 함께 주홍 물을 들였다

튼실하고 탐스럽게 잘 익힌 알알을 매달고
가을을 으스댈
사계절 희로애락의 소망스러운 결실
동네방네 뽐을 내는 감나무
주홍망토를 걸치시고
축제기간 중으로 바쁘시다

가을 그 외로움

계절 끝자리 석양 곱게 깃든 들녘
미처 오지 않은 겨울 문턱에
저리도록 마른 잎
그리움으로 불어오는 소슬바람
서걱거리는 허무함을 듣고 있다

요리조리 비벼대며 나부끼는
텅 빈 억새대공
황폐한 심장을 노크하며
하늘 땅 사이 생기와 쇠락 녹아든 틈새를
차라리 석양노을로 물들이고 싶다

공허한 사랑의 신음 같은
사념 가득히 꿋꿋하던 푸른 기억
가만히 귀 기울여 들어 볼 외로움이라면
파리하게 도색된 낮달은
가슴을 후벼 파는 생의 빛깔인가

겨울 샛강

아직도 많은 날들이 남아있는 엄동설한
초록 사라진 굽은 강변을 따라
나무는 벗겨진 채 흔들리고
온기 잃어 흐릿한 햇살만 투사되는
싸늘하게 숨죽인 샛강
가지 걸린 구름도 얼음처럼 차고 하얗다
내 비록 지금은 초라히 떨고 있어도
은밀히 품고 있을 한 움큼의 때 묻은 인연
시련을 뱉어버리고
여린 숨결로 의연히 딛고 일어나
또다시 내 마음의 항구로 돌아 올 저 강둑
온몸 전율하는 혹한을
멀거니 알몸 드러내고 누운 강바닥은
녹여지지 않는 내 가슴 같아 차마 애처롭다

가을 하늘

높다란 가을하늘 올려보며 풀잎처럼 누웠다
오늘따라 낮달은 보이지 않고
남루만 허기져 너덜거리는
허접한 나의 심상
그리고 삶의 비애
빈 언어로 남겨지는 아픔에서
축축하고 뻣뻣하게 절여진 소금기 일상까지
맥맥이 수증기 속에 사라지는 저쯤
작열하며 산처럼 일어나는
사라지지 않고 가슴에 묻어오는 것들
모두 잊어버리고
낮달 없어도
청잣빛 하늘만큼 푸르고 맑은 마음
살아 있음의 축복에 도취되어
구름 떠가는 가을 하늘 올려다 보며 풀잎처럼 누웠다

겨울바람

더위는 벌써 먼 나라 이야기처럼
사라져가고
시퍼렇던 억새서슬 칼날이 무장 해제된
황량한 언덕 끝자락에
엄동을 예고하며 불어오는
초겨울바람이
절박하면 절박한대로 인색한 햇살을 추적하며
눈동자에 뼈마디에 곳곳 스미어
불타던 여름을 식히고 있어요

영혼 없이 흔들리는 억새 하얀 꽃
잠시 사라진 초록
하얀 꽃씨 눈처럼 멀리멀리 날았다가
다시금 돌아와 지난 겨울을 자박자박 설명하여
정겨운 지성이 유혹으로 이끌 저 언덕
여름날의 멋스러움으로
새로 잉태될 그날을 위함이니
겨울 찬바람이여
오늘은 내게 미안해하지 말아요

가을 그리움

하얗게 뿜어나는 가을 끝물 언저리
두런두런 인정 살가운 추억 저 만큼
파도처럼 밀리다 사라지는 그리움
잡힐 듯 말 듯
비밀처럼 날아가는 은빛 꽃가루
혼동과 갈등 속에 허우적인 삶의 여정
가을 그리움 그리고 긴 기다림
잃어버린 미소와 닳아버린 사랑
아직 못다 한 말
못내 기억하고 싶지 않는 사연을
바람이여 기왕이면 꿈처럼 흩날려 주오

여울목

누군가에는 꿈으로 피어나고
또 누군가에게는 낭만으로 피고
내게는 아픔으로 피던 송이송이

봄이면 온 산에 만개하는 꽃
무심히 응시한 저 하늘
몽실몽실 온통 진달래 구름밭이다

핏빛 젊은 나이 봄날에 떠나가신
꽃은 져도 슬픔 지지 않는 꽃망울 그리움
그 꽃구름 속에 보이는 어머니 모습

맨살로 웅크려도 피고 지던 진달래
내 살붙이들 넋두리 푸념이
진달래 구름밭에서 곱게 피어오른다

김칫국물

베란다에 모종 하나 심어놓고
이놈이 쑥쑥 자라
화분 가득 주렁주렁 매달릴 열매 생각에
눈뜨자마자 제일 먼저 물주는 일이다

해가는 줄 모르고 비지땀 흘린 아버지
풍년 드는 그해에
처음 봤던 환한 미소
모처럼 두 다리 펴시던 그리운 울 아버지

이제 막 돋아난 토마토 새싹
곧 주렁주렁 새빨갛게 꾸며질 베란다 풍경
벌써 입속 가득 퍼지는 상큼한 군침
창밖에서 해님 싱긋이 웃는다

하루살이

시야를 어지럽히며 앞을 가리는
하루살이 떼
살아도 그만 죽어도 그만
어차피 오늘로 끝날 운명을 아는지
어스름 저녁 길을 막아서며
이판사판 필사적으로 괴롭힌다

앞날을 예측 못하고 사는 것은
너나 나나 피장파장
나는 초 다툼 그는 일대기
겁 없이 기고만장 따라붙는
억척근성 끝판 왕 하루살이들

내일도 없고 모레도 없는 삶인데
결사항전의 공격
요리조리 아무리 대응해봤자
결국 먼저 투항선언을 하고 마는
헛손질의 스트레스
오늘 하루, 하루살이는 위대했다

그 품

외할머니 품안에서는
언제나 엄마를 느낄 수 있었다
손길이며 숨결이며 그 목소리
그리고 살 냄새며
심장박동까지
언제나 그 품은 엄마 향기로 끈적거렸다
딸 먼저 앞세운 심정
대못박힌 가슴
웃음을 잃고
한 많은 응어리의 억장 눈물 흘리며
넋 놓고 살다 가신 외할머니
오늘 문득 그립다

바닷가에서

비릿한 바람이 거세게 몰아쳐
메마른 가슴으로 조여 오는
공포와 두려움
파도가 내 울음 대신 우는 해변에서
외로운 석상으로 멍하니 서 있다

지침 없이 밀려왔다 쓸려가는 파도
하얀 포말 가득히
거대한 거울에 반사되고 있는
잠길 듯이 무거운 내 외로움
나만큼 쓸쓸한 저기 웅크린 갯바위

한 세월 반추되는 눈가에 맺힌 이슬
지금 바다에서 표류하고 있는
내 모자라는 것들
거칠게 휩쓸고 달려드는 파도가
한 때 힘들게 하던 그 사랑을 닮았다

은행 단풍

황량한 메마름이 누릿하게 밟히는
본래의 색깔로 눕고 싶었던
샛노랗게 물든 은행나무 가로수길
환한 그 카펫을 밟으면
내 마음 환희에 차서 무아로 빠져든다
올해는
더 수북하고 유독 노란 이야기
기다린 듯
벌써 와있는 겨울
은행잎 부스러기처럼
어느 날 몸도 정신도 노란 병색에 물들어
뿌리째 흔들릴 내 순백함
나도 저 낙엽처럼 허우적이고 있겠지

아침 성찬

베어 눕혀진 메마른 들판 풀 더미는
성찬 가득 차려진 새들 아침 식탁
큰새 작은 새 등급 없이 어우러져
분주하고 진지하게 영근 씨앗을 쪼아대며
즐겁게 옹기종기 먹방 잔치 벌인다
배를 곯던 가난의 시절
코끝에 와 닿는 헛헛한 쭉정이 실핏줄 사이
시장 끼가 갑자기 엄습해오고
구차함을 엿보았는지
제 속이 찬 건지
신명나게 콩콩 뛰던 맥박들이
어질러진 아침 상 내 앞에다 팽개치고
큰새 작은 새 모조리 날아간다

삼월

삼월이 허용한 알량한 온기에
엷은 햇살 붙잡고 부스스 잠 깨는 토양
땅속에서 숨죽이는 뿌리
깡말랐던 줄기 위에 수액을 채워
새싹을 틔우고
길섶 잡풀은
혹한의 고통에서 벗어나
반란처럼 일제히 모두 기립을 선언했다
온몸 휘감는
푸름을 예고하는 삼월
모락모락 김이 나는 모카커피 한 잔 들고
때론 빗속을 때론 숲속을
망각이란 부제와 함께
새로운 삼월을 가슴에 적시리라

그림자

여백이 잔상 속에 침묵하는
무심히 훑고 간
빈 마당에

속도 겉도 없이 새까맣게 탄
슬픈 눈동자 우두커니
메마른 혈맥의
저 집합체

떠도는 한 조각구름처럼
나침반 잃었던
그 젊은 날

사모하던 사람 잊지 못해
쉼표처럼 서 있는
내 그림자

노랑나비

짙은 안개 속
조심스레 날아와서
간밤에 핀 꽃송이를
은밀히 헤집는
노랑나비 한 마리

촉촉한 새벽 이슬 위를
남 먼저 다녀간
나풀나풀 노랑나비
잠시 잠깐 어지럽힌 맘
그것도 정일라

꽃술 떨림의 저 흔적
오며 가며 확인할
이슬에 묻은 풋사랑
못내 아쉬운 엷은 정 두고
노랑나비 사라져가네

노인과 바다

파도에 휩쓸린 불꽃 한 시절을
고요로 가라앉히며
황혼은 곱게 물들어 가는데
소금기에 절여진 비릿함

철없이 자맥질하던 바다
수평선 저 멀리서 투시되는 꿈
파도는 여생을 지우려들고
그 환영을 쫓아가는 흐려진 눈동자

짊어질 것 비울 것 없는 나그네
추억만을 가진 이방인
낯선 바닷가 찾아와
쇠잔한 몸 지팡이에 기대고 섰네

무영탑 달빛

가녀리게 박동하는 심장의 여운
이대로 멎어버릴까 두려운
차가운 저 달빛
아슴아슴 그리움을 젖게 하는 밤

한 번도 본 적 없는
시리도록 휘영청 밝은 저 부심
하얀 萬象을
너에게로 다시 되쏘아 보내고 싶어지는 밤

외로운 듯 외롭지 않은 듯
파르르 떨리는 내 입술 두고서
무영탑 지나던 달
입김처럼 홀연히 사라져가 버렸네

제 2 부

목련

목련

빗장 틈에 새어든 한 줌 실빛 햇살이
아직 여리고 찬데
얼쩡거리는 겨울을 저만큼 밀쳐놓고
심중의 고통을 토하며 한 시절 눈물로 승화한
아픔에서 왔다가 아픔으로 가는 목련
가지마다 핵분열하듯 자욱하게 피어올라
암울함을 걷고 있다

시련과 좌절을 넘어선 진정한 위안의 눈부심으로
온 누리를 불 밝히는 하얀 목련꽃
송이송이 희다 못해 차라리 시린 네 모습
서러운 몸부림에 신음하며
어느 날 남루한 수도사의 넝마 입고 져가도
분명히 그대가
이 세상 꿈과 희망이었음을 기억하리라

목련 갤러리

폭풍한설의 역경 그 기억 버겁도록
탐스럽고 고귀한 자태로
수정처럼 희고 달처럼 희고 눈처럼 하얗게
4월을 지피며
연기 피어오르듯 다시 돌아온 목련꽃
갑갑하게 닫혔던 갤러리를 활짝 열어젖히고
우아하게 내걸려진 봄의 화신

삶의 희열을 증명하고 새 꿈을 꾸게 하는
인내와 용기와 강인함과 사랑
아름다운 목련꽃

빈가지에 불 밝힌 시간도 잠시
곱다한들 화무십일홍
수심 어리는 그대 선한 눈동자
신다가 버려진 헌 신발짝의 몰골로
눈물처럼 유령처럼 나뒹구는 나무 밑
아프도록 짧은 저 인사
가슴 갤러리의 봄빛 환영이 사라졌다

목련지다

내 고운 사모의 한 올 기억
어쩌면 눈물만큼 하얀 서사를 이고
앙상한 나목을 피어올린 목련꽃
어제는 환희 오늘은 슬픔
백열등 꺼지 듯
안개처럼 사라지는 이별 그 후
사랑 비낀 그 자리
어디론가 가야 할 내 마음을 어쩌라고
꿈인 듯이 한세상 순결하게
환희에 벅찬 열망도 두고
먼저 서둘러 가는 꽃
그래도 그런 일념으로 왔다간다는 것
서러운 목련이 지는 날이다

아카시아나무

아카시아 하얗게 핀 꽃그늘 아래 서면
알알이 포개진 싱그러운 꽃송이
몸으로, 눈으로, 코끝으로 느끼는
눈부신 화사함
행복한 마음에 가슴 울렁거려집니다

삶의 의미로 휘감기는 고운 촉각
가지가지 남실대고
아카시아를 닮은 뭉게구름
하늘에 두둥실
쪽배처럼 그리움처럼 하얗게 떠갑니다

아카시아 하얀 꽃그늘 아래 서면
가슴 가득 생의 희열 넘치는
익숙한 듯이 익숙지 않은 듯이
문득 스쳐오는 쌉쌀한 카푸치노 한 잔
으스름 어둠 내리면 커피 향처럼 사라질 향내가
아카시아 그늘을 서성이게 합니다

나팔꽃

이슬 한두 방울 함초롬히 이고
무성한 잎 틈새로 환하게 내민 꽃송이
해마다 거듭하는 처연한 소멸
설움도 품어야 할 사랑이라 여기고
갈래갈래 어우러져
한여름을 분주히 피고 또 집니다

지금 고향 저 멀리에서 울려오는
순진무구한 환호성
향수로 젖어드는 이 아침
절절히도 설운 시선은
짧은 축제 아쉬운 여로를
그대 너무 해맑아 볼 수가 없습니다

잡풀보다 더 높이 메몰 차게 올라도
바로서지 못하는 여린 줄기
아침을 사색케 하는
싱그러움 그 이상의 심오함
살랑살랑 바람 불어 흔들리는 꽃송이
잊고 있던 나를 다시 돌아보게 합니다

보라색 나팔꽃

야트막한 돌담을 타고 나팔꽃 피던 고향
고향집보다 여러 해를 더 살아와도
매양 낯선 서울
저 한쪽 사람발길 안 닿는 자투리 땅
저절로 돋아나서
여름날 심연을 울리고
생뚱하게 피었다가 머쓱히 시드는 나팔꽃 무리
방긋방긋 상큼하지만
오늘 아침은 왠지 애처롭다

가닥가닥 여럿 줄기들 격정으로 꼬아 올라
피멍얼룩피운 보라색 나팔꽃
청아한 음률
그 이상의 상쾌함
송이송이 한데 어우러진 아침나절
녹슨 기억 끝
일그러진 유년의 금세 삭지 않을 은유로
봄 여름 가을 겨울이 서려있는
마음은 고향집에 와 있다

바이올렛

넘치지도 모자라지 않는
한두 방울 이슬에도 허리 휘청거리며
아침 열고 방긋 웃는 제비꽃
살짝만 만져도 꽃대가 뭉그러져
꺾지 조차 못하는
가녀린 풀꽃에게
애잔한 마음으로 눈인사만 합니다

눈물이 많아 조심스러운
불현듯이 떠올려지는 저 멀리 사는 딸
바이올렛 꽃에 살아나는 그리움
진하게 밀려드는 울컥함
카톡으로
펴 나를 보라꽃 소식
가던 길을 부리나케 집으로 되옵니다

라일락

수정체 깊이 정갈히 담아 두었던
은하 너머 형형색색 고운 꿈
다시금 보니 아득히
세상 모든 것들의 아름다움이다

그립다고 생각하면 더욱 그리움으로
여러 해를 피고 지는 수수꽃다리
달빛의 생기로
숲속은 꿈결처럼 일렁거리고

파도가 사루고 간 은빛 물결 짧은 밤
마디마디 달궈지던
수수꽃다리 그 기억의 봄
들불처럼 퍼졌다가 사라진 향내여

여의도 봄꽃

긴 겨울을 까맣게 헤매던 늪에서 깨어나
소리 없는 함성으로
염원을 채워 무너지는 궁핍
하얀 물결 산처럼 일어나
수억의 미소를 초대하는 여의도

새봄이 음반을 두드리고 사랑의 음계를 타는
윤중로 꽃길에서
곱고 맑은 하얀 선율을 듣고 있어요

하얗게 휘날리는 꽃잎들
살점처럼 떨어지는 윤중로 보도블록
그 꽃잎 밟고 서 있노라면
벌써 내년이 기약되는 짧은 약속
깊은 저 속 뜻이
슬프고 애절히 꽃바람에 얼룩지네요

찔레

은은한 향내 묻어나는 초록가시 사이
조그만 손 내밀어 승화시킨 빈곤
아리한 영혼
순정으로 물들이는
엷은 햇살 같은 허기의 꽃
송이송이 눈물로 피었습니다

실바람에 하얀 꽃잎 파르르 떨려오면
지금도 가슴 뭉클해지는 고향 생각
나비처럼 핀
꽃송이 서러운 입맞춤
까치발로 꺾던 가난의 줄기
그리운 사연을 고향에 띄웁니다

가시엉겅퀴

쓰다듬고 탐하는 이 없어도
무장해제를 하지 않는 엉겅퀴꽃
한여름 자유롭고 당당한 여유
어쩌다 부는 바람
하얀 낮달 아래 가녀린 흔들림의
촉수 엄금 서슬가시
몽환으로 흘기는 이중적 위안의 까칠함
과도한 방어의 가시엉겅퀴
그 철학에 빠져 들어버리는 태양
한가로운 무상의 여름 들녘에서
굳이 저 꽃을 탐하는 손길 없건만
겸손을 사양한 날카로운 가시
벌 나비도 마다할 오만 넘친 자신감
도도하고 근엄하게 피어 있어도
지나는 길손마음 왠지 짠하다

클로버

푸름 잔잔히 녹아 흐르는 여름날
바람결에 고운 노래 실어
너는 미소로 나는 꿈으로
언제 보아도 정겨운 하얀 꽃
상쾌히 아침 열고
날 기다리고 있었네요

정적에 어리는 해맑은 선율
청순한 영혼으로 코끝에 닿으면
가난한 연인들의 눈물
심연 속으로 흘러내리는 구름 꽃
부풀어진 하얀 송이송이
사랑도 부풀게 합니다

들꽃

바람 한 점 없는 여름 날
고행의 인내로 숨죽이는 하얀 들꽃
인색한 새벽 이슬에
시들고 메마른 몰골의
눈물겹도록 척박한 들꽃 운명
태양이 튼실한 씨앗으로 위안한다

아우성으로 타는 여름 날
짙은 향내 품은 상큼하고 아름다운 꽃
불같은 태양열에
한철 내내 푹 숙인 고개
시들고 메마르고 비틀어져도
해마다 그 자리 다시 그 꽃 피운다

동백

함초롬히 입 다문 봉오리
삭풍을 이고 찾아 들 눈보라 차가운 길
겹겹자락 수액을 가득 채워
따뜻할 기운
겨울 찬바람을 빌어 더 아름다울 꽃
먼 기억에서 찾아드는 그리움
겨울 나그네
쓸쓸하고 외로운 밤을
화려한 불꽃향연 펼쳐줄 기억으로
꼭 다문 저 봉오리
아직도 추워서 열지 못한 창밖에는
꿈인 듯 정염으로 깨어나
붉은 꽃송이 활짝 터뜨리겠지

동백 비련

여리고도 가냘픈 맥박들로
겹겹 에워싸인 환상의 향내가
코끝을 닿으면

정염으로 몸 풀은 황홀한 저 자태
다가올 고운 인연
올해도 가슴 붉게 물들이며
마그마 치솟듯 왕창 피어올랐다

곰곰 짚어서 그리울
그 빛깔에 물든 매혹의 사랑
아리한 찬바람에 기억을 더듬어서
다시 돌아 올 기품

햇살 느슨한 창가
사색 향연은 끝이 나고
황홀했던 동백 붉은 꿈 아프다

제3부

헬스장 승애 씨

공수래공수거

공수래공수거 어차피 빈손이다
부귀도 명예도 사랑도 부질없는 인간사
빈손으로 왔다 빈손으로 간다는
그러나 그 말은 쉬워도
가진 것 없이는 살기 힘든 현실의 세상
목숨 있는 날까지
현기증 나는 냄새와 생존경쟁을 해야 한다
신은 모든 걸 주었다가 또 모든 걸 앗아 간다던가
덧없이 왔다가 덧없이 가는 인생
결국은 한 줌의 흙
인생무상을 읊조리면서
많은 것을 가져도 만족할 줄 모르고
왜 존재 하는가 그리고 왜 사는가의 답도 없이
눈감을 때까지 계산기를 두드리며
치열하고 팍팍하게 살아야하는 세상이다
영화도 권력도 영원하지 않는 것
뜬구름처럼 언젠가 모두 사라지는 것
남부끄러운 과도한 욕심에 눈이 멀지 말자
인생은 허무한 공수래공수거니까

갈등

진한 커피 맛이 묘했던 자리
멋적게 마주한
어색했던 첫 만남
테이블 앞 새 세상
버벅대며 화두도 꺼내지 않았는데
유독 주름살에 집중하는 얄미운 불빛
싸늘한 공기에
분위기 파악 못하고
좌불안석 하게 했던
눈치 없던 그 불빛이
문밖 나와서도 원망스러웠다

새 달력

두렵고도 엄숙해지는 새해의 달력
삼백 육십 오일이 탑재되어
일 년 동안 수정체를 스쳐 갈
익숙하면서 낯설은 한 톨 한 톨 숫자들
때로는 따스한 봄날일 테고
때로는 폭풍우 몰아치는 겨울일 테고
살아있다는 희열과
살아야 한다는 열정과
살아남았음을 확인해 줄 낱알들
기쁨이건 슬픔이건
영광이거나 흑역사이거나
눈물에 젖었거나 눈물에 말리었거나
쉼 없이 포획되어져
낡은 것 버리고 진주처럼 반짝거릴 하루하루
더 나은 내일을 산란시킬
눈길이 머물러야 할 날들을 찾아서
열두 장을 넘겨가며 진지하게 표기한다

영시의 전설

역사의 궤적에 과거를 송두리째 담아두고
미지를 마중해야 할
지금은 영시!
희망으로 잉태한 뽀얀 속살을 뿜으며
묵은 날들의 미련은 삼키고
꽃눈 터지듯 밝아 올 새해
수평선 저 멀리
지난 시절의 추억 실은 출렁거림
축복 속에 태양이 활활 타고
남겨진 발자국도 의연한 지금은 영시!
침묵으로 답하는 적막의 영시
흉금이나 미완성을 가라앉히고
시계 초침의 숨 가쁜 手信號따라
새로운 탯줄을 끊어
무한시공으로 흩날려 질 영시의 전설들

제야의 종

치열한 삶을 아리도록 숙연케 하는
한 해를 갈무리하는 종소리
어둠 속 무거운 저 울림
온 세상에 살 냄새로 퍼져나가고

애환도 명암도 결국 사랑이려니
백 년처럼 살았던 일 년
달랑 남은 한 장을 마저 떼어내야 하는 밤
또 속병처럼 남겨지는 미완

본래대로 돌아가는 지금의 자리
조금은 두려움 조금은 호기심으로
우주를 품은 가슴과 가슴에
출발처럼 들려오는 은은한 울림이여

제야의 밤에

자연의 섭리에 공헌한 구도의 흔적 두고
다시는 돌아오지 않을 천금 같은 밤
뒤안길에 묻힌
잠길 듯이 가물대는 미련 남겨두고
침묵하며, 격랑하며, 해마다 꽃은 피고 또 지고
묵은 결 갈아엎고 돌고 돌아
45억 년 역사 속에 또 한 해를 포개네

오고 가고 살고 지고 내 맘대로 아니건만
나날이 메말라가는 육신
나날이 얇아지는 벽에 걸린 달력
금빛 여명이 어둠을 사루고 새벽을 열어
살아있는 온 누리의 존귀한 모두를 깨우며
천지를 밝힐 저 태양 위해
지상의 길목에서 뜨거운 마중을 하리라

섣달 그믐

아무리 단단한 철벽 철옹성으로 막아도
기어이 뚫고 오는 어둠
시곗바늘이
획획 몇 바퀴를 돌고 돌았는지
뜯고 남은 달력이
분명 올해의 마지막 날임을 알려주고 있다
보내고 또 맞이해야 할
허탈할 것도 새로울 것도 없는
가고 오는 날들
지상의 영원한 조화로움이자
거역하지 못할 자연의 섭리이다
보채지 않아도 밝아 올 새날을 위해
어둠만이 지닌 신비 속에 잠든다

노을

저녁노을이 어둠을 끌어당기면
빈곤이 발그레 물들고
아우성도 물들어
진정 자애로운 정취로 도취되는 순간
영혼이 물들고
이 세상 모두 물들어
나는 그 어둠을 베고 잠든다

망각

내 삶이 가난하여도
밤이면 밤마다
뒤척이며
별은 살갑게 뜨고 지고

내 생의 언저리에서
한풀이를 하듯이
흐드러지게
꽃은 해마다 피고 지고

네 가면 죽을 것 같던
삭정이 울음 그 후
햇살로 와준
한 줄 고마운 망각이란 단어

헬스장 승애 씨

사뿐사뿐 사려 깊은 발걸음
저 여인 누구일까
밤하늘 별들과 속삭임 할 것 같은
조간신문보다 더 반가운 꽃향내 품고
가까이서나 멀리서나
상냥하게 말 걸어 줄 것도 같은
봇꽃 향 그리운 창밖의 설렘

지성으로 꼭 다문 단아한 모습
유리창 너머 사색
사르르 향내가 금속기구 틈새 스며들면
잠깐 스친 저 눈웃음에
숨차오던 러닝머신 한결 더 가벼워지고
참 좋은 하루가 될 것 같은
그녀 미소 퍼지는 헬스장의 아침

매미야 울지 마

도란도란 조용조용 한여름 나면
더없이 좋으련만
짜증나는 열기도 모자라
폭포소리보다 더 시끄럽게
밤낮 울어대는 매미 떼

까마득히 멀어진 단발머리 시절
녹녹치 않는 그 기억
저 울음을 그치고 나면
쓸쓸히 파도치는 겨울 해변 가에서
내가 목 놓아 울어야 할 차례

마음으로 또 가슴으로 우는 울음
아무리 닦아도
온몸에 표류하는 내 눈물
매미야 너나 나나 어차피 한세상
이왕이면 허허실실 웃다가 가자

첫 승리

머잖아 얼마든지 날고뛰련만
넘어지고 일어나고
또 일어났다가 넘어지고
진지하게 엄숙하게
손자 녀석 기저귀 차고 걸음마 삼매경

무한반복 시도 끝에
나보란 듯 우뚝 서서 버티는
의기양양한 호기
눈에 넣어도 아프지 않을
순진무구 대장부
드디어 첫 일을 해냈다

이 세상 방방곡곡
쉼 없이 걷고 뛰어야 할
그 첫 걸음마와 조우한 오늘 아침
씩씩한 저 기세
힘찬 두 다리는
아무리 날쌘 자동차도 안 부럽다

새벽 선창

성벽처럼 높은 파도가 휘몰아치는 선창
밀려왔다가 쓸려가는
허공만큼 흔적 없는 흰모래백사장
두꺼운 포장을 찢는 듯
파도소리만 우렁차다

안개비가 어깨 위에 자욱하게 내린 선창
우울은 부두에서 서성이고
파도소리에 뒤섞여오는 어리석음
초점 잃은 나는
잠시 살아있음을 잊었다

꿈

진홍빛 고운 석양이 내려앉은
넉넉하고 풍요로운 수평선 멀리
갈등 없는 속박
바다는 한가로이 적요에 젖어들고
자유로 날아오른 갈매기 떼
언뜻 외로운데
복잡스런 머릿속에
자전하며 난무하고 있는 물음표들을
한 켜씩 벗겨서
소망처럼 고운 진홍 노을로 물들여
겹겹 파도에다 실어서 보낸다

소중한 인생

한순간 스쳐지나버린 물빛 청춘
천만 년 사는 줄 알고
환상에서 깨어나지도 못하고
이유 없는 슬픔과 고뇌로
무의미하게 허비해버린 돌아오지 않을 날들
그것을 깨닫기까지
반항 속에 방황 속에 많이 아팠다

그 사려 깊지 못한 시간들 때문에
몸과 마음이 비틀대고
그래서 더 저린 가슴
살아있다는 의미만큼 희열 넘칠 일 또 있을까
소중하고 더없이 위대한 삶
조금 남은 시간들을
이 세상 끝 날처럼 불태우리라

일흔 즈음에

눈가의 주름이 정겹다는
시선 둘 곳 모르게 하는 말
진심일까 립서비스일까

건강해 보여서 좋겠다는 말
눈 침침하고 손 저린데
불안일까 위로일까

반백 머리카락 멋스럽다는 말
방심과 자포자기 사이
배려일까 우려일까

허리 아프고 무릎 쑤시는데도
나이보다 젊어 보인다는 그 말을
믿어야 할지 말아야 할지 고민이다

동심

잔잔한 마음 밭 호숫가에서
노란색깔 별빛을 씻는
해맑은 눈동자
찬찬하게 올려다보며
엄마의 얼굴 익히는
나는 어쩜 아가였음 좋겠다

민들레 꽃만큼 환한 햇살 잔뜩 이고
온 천지를 품에 안고
천진난만한 웃음을 웃으며
키와 꿈이 자라고
엄마젖만으로 행복한
나는 그런 아가였음 좋겠다

비 그친 여름날의
아름다운 일곱 빛 무지개
밤하늘에 별이 뜨는
삼라만상을 다 몰라도
여름날 잠자리 쫓아 숲속 헤매는
나는 아직 아가였음 좋겠다

희망·1

무섭게 달아오르다 식은 열정
꿈을 잃은 내 가슴
축축한 이슬 숲에서
짙어가는 어둠 속에서
외진 강기슭을 쓸쓸히 서성이는
한 마리 백로로 섰습니다

눈처럼 차가운 그대 흰빛 날개
다시 날아올라야 할
짙푸른 저 창공에
못다 부른 나의 노래가
은빛가루 되어 정념으로 스미는
한 마리 백로 꿈을 꿉니다

빈 비망록

책장 한 귀퉁이에 꽂혀있는
2001년이라 새겨진 빨간 표지의 노트 한 권
살 때는 당장 쓸 요량이었으나
차일피일 미루다가 어느새 십 년 세월
펼쳐보지 않은 채 그의 나이 열 살입니다

때 놓친 순간부터 사용하기 버거워져
몇 번이고 들었다 내렸다
다시 또 그 자리에 꽂아두는 빨간색 노트
이래저래 뒷전에서
생뚱맞게 서 있다가 열 살을 더 먹었습니다

켜켜이 이십 년을 서술했건만 텅 빈 내용물
속빈 강정처럼 밍밍하게
비어도 비어 있지 않은 유구무언들
그 많은 가르침은
내게만 보이고 나만이 읽을 수가 있답니다

아무 기록 없어 회상할 것 없겠지만
이십 년을 성찰하는 침묵의 값진 하얀 언어

철저히 외면당한 20년
머쓱한 유효기간 때문에
도로 그 자리에 다시 서 있어야 합니다

그런 사랑 있었다오

따스한 입김으로
신경세포 짜릿하게 살아나서
절정에 젖는
허물 모두 지운 사랑
청보리밭을 스쳐가는 바람결 같았던
나도 한때 그런 사랑 있었다오

깊은 수정체를 표류하며
아름다운 운율의 형용사였다가
고운 무지개 빛깔
애틋한 한 올 연정이었다가
산책길에서 만나는 붓꽃 향기 같았던
나도 한때 그런 사랑 있었다오

수술

가느다란 주사바늘 하나에 내 맡겨진 운명
진정한 믿음에도
불안 공포 위안이 공존하는 수술대
사바세계와의 유체이탈을 안내하는 마취제
축복의 향수로 적실 빛처럼 스며오는 기운의 순간
수많은 별똥별이 흘러내리는
설정된 무의식
몽환적 시공
또 천길 낭떠러지로
죽은듯 잠들어 오로지 천명에만 순응하는
내 강인함과 유연함
지금은 살았다고 볼 수 없는 참담하게 멎어버리고
어둠에 기대어 과거와 미래와 현재를 넘나들어
구석구석 통증이 삭혀지면
마법처럼 마술처럼 이어붙여질 생명의 끈
안개깔린 미로에서 유행지난 옷을 벗어버리고
열락의 미소로
나는 이 어둠속에서 오래 머물진 않을 것이야

여백

청정한 심상의 느슨한 여백 한쪽
일상 모두가 소외된 빈 페이지는
허술한 삶의 단면인 양
그 누구도 찾지 않는
명분 없이 허허로운 공터
허허실실 비어버린
시간과 사연이 깡그리 멈춘 휴게소

순백하고 근엄한 마당되어
모든 넋두리를 사양한 휴식처
함구와 침묵으로 은밀히 삭고 있었다
비어있어도 빼곡히 들어찬 가르침
깨끗한 사색의 광장
아련한 고향 뒤뜰에 비쳐드는
결 고운 햇살처럼 환하고 따사롭다

제 4 부

당산동 연가

그리운 이여

한껏 푸름으로 차올라
아름다운 무지개꿈으로 좇던
내 그리워하는 이여
흰 눈처럼 눈부신
우리 그런 시절 있었더이다

별 총총한 밤하늘
이글거리며 내리쬐는 태양
한 치 앞을 예측할 수 없는
암울하게 먹구름 낀
살다보니 그런 날도 있었더이다

바다로 흘러가는 강물
하늘 향하는 나무
우리가 살아 숨 쉬는 이 기쁨
엷은 햇살에
매화꽃 터지는 희열을 바라보는

때로는 부드러운 풀잎같이
때론 잔잔한 미풍으로

더러는 악마 같은 파도처럼
피하지 못한 현실
더러 삶과 죽음도 가르치더이다

뒤돌아보니 모든 게 일순간
아무것도 부질없고
홀로 날고 싶은 울적한 날
내 사랑하는 이여!
일찍 잊는 법을 알았어야 했더이다

사랑

야무지게 밀봉하여
심장 깊은 곳에 고이 묻어두었던
은전처럼 반짝거리는
그 사랑의 역사는
봄꽃보다도 더 빛났다오

詩보다 아름다운
고이 남겨진 언어들
축복처럼 솟아오르다 사라지는
물거품 같은 거
허무한 사랑이라 말하지요

어느 순간 달콤함이 가시고
그 이후의 상처
눈동자 가득 눈물로 찰랑이는
지독한 사랑
아파도 아픔인 줄을 몰랐다오

결국은

새로운 인연에 아파옵니다
움터오는 새싹이 아픕니다
어색한 만남의 인사가 아프게 합니다
웃지 않는 그대가 더욱 아팠습니다
영원한 이별이 너무 아픕니다
방전되는 기억으로 아파집니다
차갑게 식은 그 입술이 나를 아프게 합니다

멀어지는 그대 향기가 슬픕니다
되살아오는 기억에 더욱 슬퍼집니다
던져버린 정이 슬픕니다
부둥켜안긴 삶의 미련으로 슬퍼옵니다
까닭 모를 눈물이 슬펐습니다
잊혀진 추억은 슬픕니다
추락하는 낙엽이 내 마음 더 슬프게 합니다

나 다시

나 다시 이 세상 태어난다면
남을 미워하지 않고
아픔과 상처 주지 않고
가을날에 피어있는
노란 햇살 닮은 국화꽃처럼
미소가 환한 어린이로 살고 싶다

나 만일 다시 태어난다면
깃털이 고운 부드러운 날개 달고
키 쑥쑥 마음 쑥쑥
때론 거센 폭풍우를 만나더라도
슬기롭게 헤쳐 나가는
용감한 아이로 자라고 싶다

그때의 나

희망의 공간에서
맑은 눈망울로
지혜로운 꿈을 피우기 위해
온종일 뛰어놀기 바쁜
그런 아이였다

새파란 하늘 우러르고
햇살 헤적이며
싱그러운 웃음 띤 얼굴로
언제나 상냥한
착한 아이였거든

밤하늘에 별이 빛나고
고운 무지개가 뜨고 지는
그런 세상이치 다 몰랐어도
아름다운 꿈만 꾸던
원래는 그런 아이였다니까

새벽 만남

산책길목에 늘 쭈그리고 앉아서
새벽부터 혼술하는 한 사람 있다
움푹 패인 이마주름과 희끗한 머리카락
장작 타는 토방 그리움서린
붉게 충혈된 눈동자
축배의 잔처럼 맞잡은 부들부들 떨리는 두 손으로
목 넘김 하는 저쪽에
삶이 짐인양
미학도 연민도 수심도 아닌 술맛에
파도치는 폭삭은 내장의 얼비침
항의하듯 쏘아보는 반항적 눈초리를
애써 피하려 들지 않으며
언제나 나는 그의 앞을 지나다닌다
몸과 마음을 달래 자는 술
영혼이 부식되고
몸과 마음을 더 병들게 하는 술
어쩌면 혼자 들이키는 저 술이
인생 에움길에
살아있음의 허세만 같아 마음시리다

남은 커피

먹다가 남긴 차갑게 식은 커피
잔 속에서 반란하며 요동치던 그 향
달빛 서늘히
한순간 사라진 꿈처럼
깊은 들숨에도 기별이 없고
아무 감정 없는 밍밍한 잔영뿐이다
구름 위에 오르고 싶은 날에
몽환으로부터 오는
저 라일락 그리움
입술 끝에 향긋하게 간지럼 해오던
그 향내도 사라진지 오래
스산한 겨울의 혼령처럼 낯설고
사금파리 감촉만큼이나 차갑다

당산동 연가

막상 마땅히 갈 곳도 없으면서
열차가 레일에 멈춰서면
이유 불문하고 일단 먼저 올라탄 후에
어디를 가야할까 고민하며
당산역을 넘나든 내 발자국들
한없는 부끄러움이었고
좌절이었고 땀이었고 또 보람이었으리

뼛속까지 시리고 낯설었던 동네
절름거리는 현실로 식별되지 않던 낮밤을
비집고 방황하며 얻은 것과 잃은 것
몸과 마음이 얼룩진 봄여름가을겨울
잔잔히 흘러가는 푸른 강물
자애롭고 너그럽게 헹구어 주던 한강만이
내 외로움의 어머니였고 아버지였다

지금은 눈감고도 헤집을 정든 골목골목
그들은 지켜보았을
암울한 땀방울이 출렁거리던 내 모양
모진 풍랑 힘겹게 헤엄치던

궁극의 언저리
아직도 출발선 떨림의 자화상 남아있어
여태 그 뜰을 벗어나지 못한 이유다

향수

달그림자에 휘감기는 높은 빌딩들
빽빽하게 들어차서 수도 없이 많지만
내 것 하나 없는 서울
반백 년 정붙이고 살아와도
객지살이 내내 날마다 설운 타향
고향 친구 그리고 고향산천
한시도 잊지 못함을 떠나본 사람은 안다

불러주는 이 없는 아득한 신화 속
파도치는 푸른 물결이 눈에 삼삼하여
막상 한달음에 달려가건만
생소한 거리 생소한 사람 타관보다 더 낯설어
아니온만 못함을 가본 사람이면 안다
고향에서 나고 자라 그 울타리 사는 사람들
진실로 나는 그런 삶이 부럽다오

당산철교 밤풍경

해가 서녘 기울어 진홍빛을 더 하는 강변
이런저런 세상사 사연 감싸 안으며
제 속을 드러내지 않고 유유히 강물은 흐르고
옥죄는 황혼의 길목
이유 없는 가슴앓이로 설움 격한 눈시울로
당산철교 다리 밑에 석양을 깔고 자리를 잡았다

일 년 사계절 내내 아름다운 강변
연인들은 사랑을 속삭이고 삼삼오오 휴식하고
더욱 강변을 아름답게 하는
저 멀리 휘황한 여의도 불빛
어둠은 짙어 아련한 은색불빛 차창을 달고
어디론가 떠나기를 유혹하는 밤열차
요란한 소음 남기며 그 열차가 몇 대가 지나갔는지
옹기종기 앉아있던 주변 사람들이
어느새 모두 돌아가고 하나도 보이지 않는다

2호선 당산역

수많은 철이들을 태우고
합정동에서 당산철교로 힘차게 달려오는
은하철도999
차창마다 환한 불빛의 지하철 2호선
목마른 여행자들에게
아스라한 태평양을 꿈꾸게 한다

철교 아래 물결은 금빛으로 찰랑대고
하루를 갈무리하는 창 너머
강은 어두운 밤 별꽃으로 만발하여
추억에 젖어서
집으로 돌아가는 길
서울 살이 심금 녹이는 여의도 야경

묵은 살 냄새가 소박하게 베어드는
정갈히 정리된 침낭의 열량짜리 녹색열차
밤늦도록 삶의 애환 싹 비우고
또 삶의 연민 싹 쓸어 담고
수많은 철이 들을 태우고

은하철도999
빗장 열기 바쁘게 아니 온 듯 가버린다

꿀맛 하루

힘센 장사도 떼지 못하게 눈꺼풀이 마술처럼
착 달라붙어버렸다
갑자기 엄습하는 나른함
지하철 요람 속 곯아떨어진 꿀잠

자상한 기계음 방송 들리거나 말았거나
포켓 속 핸드폰 요동쳤거나 말았거나
질펀한 나락에 깊이 빠져들어
호흡도 크고 힘찼을 거다

옆 사람에게 원망의 레이저 눈길을 쏘고
어디가 어딘지도 모르고 머쓱한 속내 들킬까
헐레벌떡 일단 뛰어내린 낯선 역
중요한 약속이 훅 날아 간지 오래다

일은 망가지고 틀어지고 엉망진창인데
구름 위를 걷는 상쾌함
되돌아오는 발걸음도 가뿐가뿐
피로가 풀리는 특효약 중의 특효약 지하철 단잠

잊힌 사람

한숨 섞인 바람이 허파로 스며들고
하얗게 밀리는 바다를 마주한
굽은 언덕을 돌아 돌면 야트막한 산등성에
지금은 잊힌 얼굴
찬비도 나직이 온종일 함께 울며
슬픔 속에 어머니를 묻었습니다
적막 둘러싸인 그리움 저쪽
진눈깨비 눈물처럼 내리고
흰 눈 엎드린 자리에도 피는 진달래
이별이 이별인 줄 모르고
영영 가는 마지막인 줄 모르고
언 땅을 밟으며 내려오던 종종 발걸음
지금쯤 흙이 되었을 어머니
파도가 보이는 산모퉁이 돌아 돌면
너무 일찍 밟았던 슬픈 그 고개
여전히 고행 섞인 찬바람이 서늘합니다

계간문예시인선 168

이태순_ 일흔 즈음에

초판 인쇄 2021년 8월 11일
초판 발행 2021년 8월 16일

지 은 이 이태순
회 장 서정환
발 행 인 정종명
편집주간 차윤옥

펴낸곳 도서출판 계간문예
편집부 03132 서울 종로구 삼일대로 30길 21 종로오피스텔 1209호
주 소 03132 서울 종로구 삼일대로 32길 36 운현신화타워 305호
전 화 02-3675-5633 팩스 02-766-4052
인 쇄 54991 전북 전주시 완산구 공북1길 16, 신아출판사
이메일 munin5633@naver.com
등 록 2005년 3월 9일 제300-2005-34호
ISBN 978-89-6554-243-8 04810
ISBN 978-89-6554-118-9 (세트)

값 10,000원

잘못 만들어진 책은 바꾸어 드립니다.